Made in the USA
Middletown, DE
01 December 2022

16575170R00084